Per Tim, Noa e Dustin

~ Hanako Clulow

Titolo originale: Above and Below
Per l'edizione originale:

Testi: Patricia Hegarty, Tanera Simons
Pubblicato per la prima volta nel 2016
da Caterpillar Books

Traduzione: Micol Doria

Per l'edizione italiana:
www.editorialescienza.it
www.giunti.it

via Bolognese, 165 - 50139 Firenze - Italia
via Beccaria, 6 - 34133 Trieste - Italia
Prima edizione: gennaio 2017

Made in China

CPB/1800/0547/0616

SOPRA e SOTTO

illustrato da Hanako Clulow

editoriale SCIENZA

L'oceano

Gli oceani coprono il 71% della superficie terrestre e hanno un ruolo fondamentale nel determinare il clima del nostro pianeta. Sapevi che più del 95% del mondo subacqueo è inesplorato? Significa che c'è ancora molto da scoprire!

corallo
Le barriere coralline si formano in milioni di anni. I coralli sono costruiti da molti minuscoli polipi e prendono il loro colore dalle alghe che ospitano.

palma
Le palme da cocco fanno semi galleggianti in grado di attraversare gli oceani: le noci di cocco.

tartaruga marina comune
Le femmine scavano un buco nella sabbia, depongono le uova e tornano nel mare. Al momento della schiusa, i piccoli devono cavarsela da soli.

stella marina
Le stelle marine non hanno cervello né cuore. Se tagliate, le loro braccia possono ricrescere.

delfino
I delfini sono animali molto socievoli, vivono in gruppo e usano una grande varietà di trilli e fischi per comunicare tra loro.

albatros
Sono gli uccelli con l'apertura alare più ampia, in media circa tre metri, e possono planare per ore senza riposare.

granchio
Ci sono oltre 4500 specie di granchi, che vivono nell'acqua salata oppure in quella dolce.

pesce volante
Questi pesci hanno la capacità di "volare" per scappare dai predatori, spiccando lunghi salti.

barriera corallina

Le barriere coralline ospitano migliaia di specie diverse, una grande varietà in poco spazio!

li mare

di 1000

moni di

e misure

calamaro

Quando si sentono minacciati, i calamari possono spruzzare inchiostro nero.

pesce farfalla

Il puntino nero sul dorso dei pesci farfalla distrae i predatori, che lo scambiano per un occhio.

pesce pagliaccio

La femmina del pesce pagliaccio può deporre fino a 1000 uova alla volta.

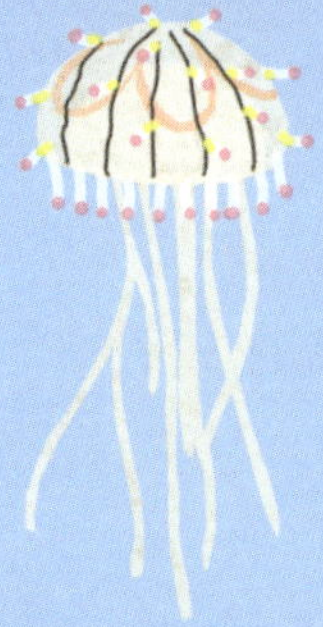

medusa

Le meduse si nutrono di crostacei e molluschi, che intrappolano con i tentacoli urticanti.

cavalluccio marino

Sono i cavallucci marini maschi a portare in grembo i piccoli, caso unico tra gli animali!

bradipo
I bradipi dormono molte ore al giorno. Si muovono così lentamente che a volte la loro pelliccia si copre di alghe verdastre.

farfalla monarca
Ogni inverno queste incredibili creature volano in massa per migliaia di chilometri per raggiungere climi più caldi.

pitone
I recettori chimici sulla lingua di questi serpenti li aiutano a trovare le prede, che ingoiano tutte intere.

formica tagliafoglie
Dotate di veloci mandibole, queste formiche tagliano le foglie e le portano nel formicaio. Dalle foglie spunteranno dei funghi, il loro cibo preferito.

tucano
I tucani sono famosi per i loro becchi enormi e colorati. Alla nascita il becco è piccolo ma cresce con l'età.

La foresta pluviale

Una foresta pluviale può essere temperata o tropicale. La differenza tra foreste pluviali e giungla è che nelle prime lo strato superiore degli alberi è molto fitto e blocca i raggi di sole, mentre nella giungla fa passare più luce. La foresta pluviale più grande del mondo è la foresta amazzonica.

foglie
Le chiome degli alberi formano la canopia, una parte fondamentale della foresta, che ospita un'immensa varietà di creature.

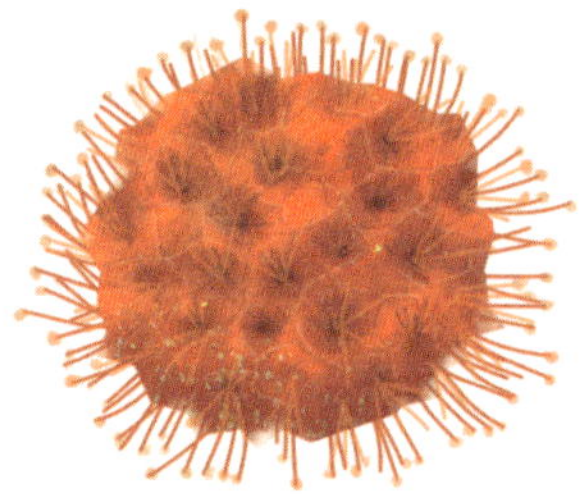

calliandra
Questi splendidi fiori sbocciano tutto l'anno, attraendo farfalle e colibrì.

alpinia
Questo profumato fiore vive nel sottobosco, all'ombra dei grandi alberi.

giaguaro

A differenza di altri felini come il gatto, i giaguari non temono l'acqua e cacciano pesci, tartarughe e perfino caimani.

quetzal splendente

Nel periodo della riproduzione, le due piume verdi che coprono la coda dei maschi di quetzal possono raggiungere un metro di lunghezza.

scimmia ragno

Le scimmie ragno, o ateli, hanno le braccia e la coda molto lunghe per appendersi ai rami e muoversi agilmente da un albero all'altro.

pappagallo

I pappagalli sono un vasto ordine che comprende più di 350 specie uccelli tra cui are, lorichetti, cocorite e cacatua.

raganella

Le raganelle dagli occhi rossi usano i loro colori sgargianti per spaventare gli eventuali predatori.

Il polo nord

L'Artide è la regione più a nord della Terra e si trova nel mezzo del Mar Glaciale Artico. In inverno, le temperature possono raggiungere i - 43 °C e molti animali migrano a sud per cercare climi più miti. Chi rimane ha sviluppato caratteristiche per sopravvivere in questa regione estrema.

banchisa
Le banchise sono piattaforme di ghiaccio che galleggiano sulla superficie dei mari polari.

iceberg
Gli iceberg sono enormi blocchi di ghiaccio che si sono staccati dai ghiacciai. Gran parte della loro massa è nascosta sotto il livello del mare.

gufo delle nevi
A differenza dei loro simili, i gufi delle nevi non sono animali notturni: sono attivi e cacciano anche di giorno.

tricheco
I trichechi possono rallentare il battito del cuore per risparmiare energia nelle gelide acque polari.

orso polare
Sotto la pelliccia bianca, gli orsi polari hanno la pelle nera per assorbire al meglio il calore dei raggi del sole.

oca delle nevi
Volando in una formazione a V, le oche riducono l'attrito dell'aria e il rischio di collisioni.

volpe artica
Per sopravvivere alle rigide temperature del polo, le volpi artiche scavano buche e tunnel sotto la neve.

ermellino
D'estate gli ermellini hanno una pelliccia bruna, in inverno invece questi piccoli predatori diventano bianchi come neve.

cena

e focene sono tra
mammiferi marini più
iccoli. Vivono vicino
lla costa, lungo golfi
ed estuari, mangiando
pesci e seppie.

lla
andia

nuotatrici,
foche passano
tando a caccia
i e crostacei.

orca

Tra i predatori più grandi del mondo, le orche hanno denti che possono crescere fino a 10 cm di lunghezza.

merluzzo polare

Questa specie si spinge molto più a nord di ogni altro pesce di mare.

narvalo

I narvali sono famosi per il corno sulla testa, che in realtà è un lungo dente attorcigliato. Non hanno però denti per masticare, quindi inghiottono le loro prede intere.

megattera

Le megattere, come molte balene, si nutrono perlopiù di krill, ovvero minuscoli crostacei simili a gamberetti.

pesci artici

Ci sono circa 400 diverse specie di pesci artici. Molti hanno nel sangue un antigelo naturale.

Il fiume

I corsi d'acqua dolce e le loro sponde ospitano una grande varietà di piante e animali. Alcune specie preferiscono le acque dei ruscelli, dove le correnti sono veloci, altre invece scelgono acque più profonde e tranquille.

quercia
Le querce iniziano a produrre i loro frutti,le ghiande, solo dopo alcuni decenni di vita.

ninfea
Le ninfee crescono nell'acqua stagnante e sono un rifugio accogliente per molti pesci e altri abitanti del fiume.

tifa
Questa pianta cresce in acque poco profonde e può diventare alta anche tre metri.

salice
Questo albero amante dell'acqua è una delle piante che crescono più in fretta, fino a tre metri in un anno!

martora
Simili alle faine, le martore sono animali solitari: cacciano di notte mentre di giorno si rifugiano nelle cavità degli alberi.

martin pescatore
Per difendersi dai predatori, questi piccoli uccelli scavano i nidi negli argini sabbiosi, poco al di sopra del livello dell'acqua.

arvicola acquatica
Parenti dei criceti, questi roditori scavano i loro tunnel negli argini: le entrate possono trovarsi anche sotto la superficie dell'acqua.

folaga
Le robuste zampe palmate servono a nuotare ma anche a muoversi sul terreno scivoloso degli argini.

cigno
I cigni sono grandi uccelli acquatici dal collo lungo. Sono tra i pochi animali che formano coppie unite per tutta la vita.

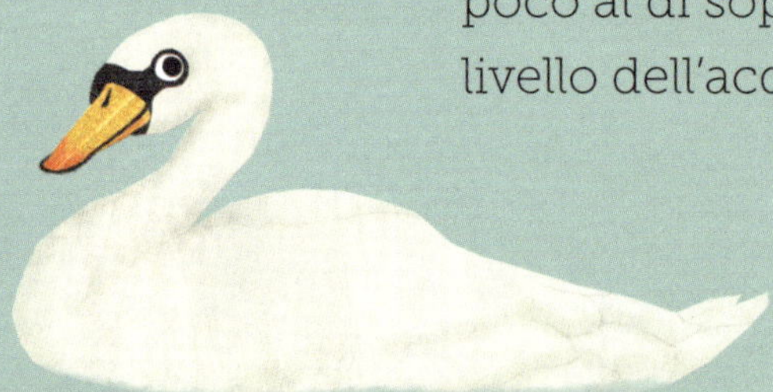

rana
Le rane depongono le uova in acqua. Quando queste si schiudono escono i girini, che poi diventeranno rane.

libellula
Le libellule sono agili volatrici, in grado di volare perfino all'indietro.

anquille
Sul dorso
spinosa.

serpenti, ma
esci e non
pecie possono
ue metri.

cozza d'acqua dolce
Le cozze d'acqua dolce possono vivere fino a un secolo. Sono minacciate dalla pesca illegale volta al commercio di perle.

lontra
Le lontre mangiano soprattutto pesce, ma con i loro denti affilati possono nutrirsi anche di granchi e conchiglie.

pesce
Molti piccoli pesci vivono nei torrenti e nei fiumi, mangiando larve e gamberetti.

trota
Le trote sono pesci molto territoriali e spesso scacciano i loro simili.

luccio
Lunghi fino a un metro e mezzo, sono spesso i più grossi predatori nel loro ambiente.

chiocciola
Il guscio delle chiocciole è parte del loro corpo e serve a proteggerle.

idrofilidi

Questi insetti vivono nell'acqua, ma possono volare e raggiungere nuove pozze d'acqua in cui procurarsi cibo.

gufo

Sono uccelli notturni: di giorno dormono e di notte cacciano una grande varietà di piccoli animali. Il loro volo è molto silenzioso.

scoiattolo volante

Questi animali planano da un albero all'altro, anche a 90 metri di distanza.

aquila calva

La testa di questi grandi rapaci non è davvero calva, ma coperta di piume bianche. La loro apertura alare può superare i due metri.

cinghiale

Parenti stretti dei maiali, i cinghiali sono adattabili e mangiano quello che trovano.

tacchino selvatico

Il loro caratteristico gloglottìo può essere sentito a quasi due chilometri di distanza. Che vicini rumorosi!

colibrì golarubino

I maschi hanno un piumaggio caratteristico: verde brillante sul dorso e rosso acceso sulla gola.

lince rossa

Feroci predatrici, possono cacciare animali anche molto più grandi di loro.

Le caverne

Le Montagne Rocciose del nord America sono ricche di cavità naturali. Grotte e caverne sono più calde rispetto all'esterno e sono i rifugi perfetti per molti animali dal carattere riservato, alcuni dei quali si sono adattati a vivere nell'oscurità.

alloro di montagna

Sono arbusti sempreverdi che formano grandi siepi. Le foglie, i fiori e il polline sono velenosi.

fiori selvatici

I colori vivaci aiutano le api a trovare i fiori. Le api mangiano il nettare e in cambio portano il polline da un fiore all'altro.

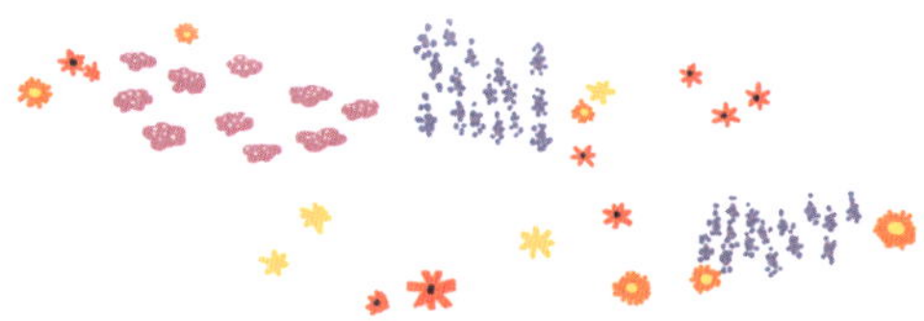

buddleia

Gli arbusti di buddleia sono anche detti "alberi delle farfalle" perché hanno fiori coloratissimi e molto profumati che attirano questi insetti.

salamandra alligatore

Animali notturni e territoriali, preferiscono i fiumi più mossi, dove si nutrono di pesci, girini e rospi. Possono essere lunghi da 30 a 70 cm.

crotalo dei boschi

Sono rapidi predatori dai sensi molto sviluppati. Mangiano piccoli mammiferi, uccelli, rane e altri serpenti.

orso nero

Questi orsi si arrampicano con agilità sugli alberi. Trascorrono l'inverno nella tana, in letargo, consumando le riserve di grasso accumulate nei mesi estivi.

pipistrello

I pipistrelli dormono di giorno e vanno a caccia di notte. Per orientarsi emettono suoni molto acuti e ne ascoltano i riflessi. Così riescono a catturare insetti, rane e piccoli roditori.

La savana

La savana, calda e secca, ha una canopia aperta: tra un albero e l'altro c'è spazio sufficiente da permettere all'erba di ricevere luce e crescere. Le piogge si concentrano in un'unica stagione e nel resto dell'anno l'acqua scarseggia. Per sopravvivere gli animali hanno dovuto adattarsi a queste particolari condizioni.

praterie
Nella savana crescono centinaia di specie di piante erbose, tutte robuste, resistenti alla siccità e alle mandrie di erbivori.

baobab
Questi alberi hanno un tronco particolarmente largo, che usano come serbatoio di grandi quantità d'acqua.

guarri
Tra gli arbusti della savana ci sono piante con proprietà terapeutiche, che vengono usate per trattare problemi molto diversi.

giraffa
Questi mammiferi sono gli animali più alti del mondo. Le chiazze sul mantello sono diverse e uniche per ogni individuo.

pavone
I maschi di pavone sono famosi per la spettacolare ruota di piume colorate. Le penne della coda possono raggiungere due metri di lunghezza.

rinoceronte
Il loro corno è composto di cheratina, la stessa sostanze di cui sono fatte le unghie e i capelli.

leone
Unici tra i felini, i leoni vivono in branchi numerosi, di dieci o più esemplari.

elefante
Con la proboscide gli elefanti possono afferrare oggetti, emettere barriti oppure spruzzarsi d'acqua per fare una doccia...

fenicottero
Il caratteristico colore dei fenicotteri è dovuto ai piccoli gamberetti rosa su cui si basa la loro dieta.

gazzella
Le gazzelle possono correre a una velocità di 60 km all'ora e oltre!

coccodrillo

I coccodrilli sono famosi per la loro abitudine di ingoiare pietre: li aiutano a digerire e a restare sott'acqua senza troppa fatica.

mangusta

Alcune specie di mangusta vivono in zone umide, dove scavano tane sotterranee.

zebra

Ogni zebra ha una particolare striatura, non ne esistono due uguali.

serpente

Esistono più di 3000 specie di serpenti che vivono in ogni sorta di habitat, anche acquatico.

geco

Questi piccoli rettili sono ghiotti di insetti e grandi arrampicatori.

struzzo

Gli struzzi sono gli uccelli più grandi del mondo. Non volano ma possono correre a una velocità di 80 km all'ora.

pesce

I pesci sono un cibo importante per molti animali della savana.

rana toro africana

Queste grosse rane emettono un verso molto forte e profondo.

scorpione

Gli scorpioni esistono sulla Terra da più di 400 milioni di anni: sono perfino più antichi dei dinosauri!

balena

I cetacei si possono dividere in due grandi gruppi: da una parte balene e megattere, con fanoni al posto dei denti, dall'altra delfini, capodogli e orche, dotati di veri denti. I primi filtrano l'acqua per mangiare il krill, i secondi sono abili cacciatori.

foca

Le foche hanno una fitta pelliccia impermeabile che le tiene al caldo. Sotto la pelliccia, uno spesso strato di grasso le isola dall'acqua gelida.

gabbiano

I gabbiani sono in grado di imparare e di insegnare ai loro simili comportamenti complessi, come ad esempio far cadere le conchiglie sulle rocce per spezzarle e mangiare i molluschi.

Le scogliere

Le scogliere sono spesso formate da arenaria, rocce calcaree o vulcaniche, che resistono all'erosione del vento e degli altri fenomeni atmosferici. Spesso si trovano nelle parti del mondo più isolate e remote. Alcuni animali si raggruppano in colonie che prosperano tra spuntoni di roccia e dirupi, sfruttando l'oceano come principale risorsa di cibo.

nidi delle pulcinelle di mare

Le pulcinelle di mare costruiscono i loro nidi in cunicoli lunghi anche un metro. Con becco e zampe scavano questi tunnel nel terreno per proteggere i pulcini dai predatori.

licheni

I licheni, a differenza della maggior parte degli esseri viventi, non sono composti da un singolo organismo ma da due: un fungo e un'alga.

uria

Gli uccelli di questa specie trascorrono la maggior parte della vita sull'acqua, e tornano sulla terraferma solo per deporre le uova. Scelgono una tana tra le rocce che sia difficile da raggiungere per i predatori, lasciano lì il loro unico uovo e poi tornano in mare. Le uova sono a forma di cono, così non rotolano giù dalle scogliere.

sula

Le sule esplorano la superficie del mare volando in alti cerchi. Avvistato un branco di pesci, vi si gettano in picchiata, raggiungendo i 100 km orari. Per tuffarsi, hanno le narici dentro la bocca, mentre la testa è dotata di sacche che funzionano da airbag.

pulcinella di mare

Durante i mesi invernali, le zampe di questi uccelli sono giallo pallido, mentre il caratteristico becco, largo e triangolare, è grigio. Ma d'estate, nel periodo dell'accoppiamento, le zampe diventano di un arancione acceso e il becco si colora di rosso, giallo e blu.

Il bosco

I boschi ospitano una grande varietà di animali. Gli uccelli fanno il nido sui rami o nei vecchi tronchi, i grandi erbivori trovano cibo in abbondanza, molti insetti e piccole creature si nutrono delle foglie e degli alberi caduti. Sottoterra c'è un animato groviglio di radici, tane e cunicoli.

amanita muscaria
Sono funghi velenosi dal cappello rosso a macchie bianche.

faggio
Il faggio è una pianta monoica: i fiori maschili e quelli femminili si trovano sullo stesso albero.

radici
Le radici possono crescere fino a tre volte l'altezza di un albero. Dal terreno assorbono ossigeno, minerali e acqua.

picchio
Questi uccelli forano i tronchi degli alberi con il becco, per ricavarvi il nido oppure trovare larve da mangiare.

cervo
I cervi maschi cambiano il palco di corna ogni anno. La dimensione del palco varia in base all'età: aumenta ogni anno fino a raggiungere il massimo quando il cervo è adulto.

pettirosso
I pettirossi mangiano perlopiù insetti e lombrichi. Le coppie di pettirossi covano ben tre nidiate ogni anno.

tasso
I tassi aspettano il buio per andare a caccia del loro cibo preferito, i lombrichi: ne possono mangiare fino a 200 in un solo giorno!

riccio
I ricci si appallottolano per difendersi dai predatori, in questo modo lasciano esposte solo le parti del corpo coperte di aculei.

uccello che cova
Molti uccelli depongono e covano le uova in nidi costruiti con abilità intrecciando insieme ramoscelli e fili d'erba.

scoiattolo
Gli scoiattoli non vanno in letargo, ma seppelliscono nel terreno una scorta di ghiande e semi per l'inverno.